A VISUALIZAÇÃO CRIATIVA PODE MUDAR SUA VIDA

A VISUALIZAÇÃO CRIATIVA
PODE MUDAR SUA VIDA

SHAKTI GAWAIN

Usando o poder da imaginação
para criar o que você quer em sua vida

SEXTANTE

Tradução
Núcleo do Texto Ltda.

Preparo de originais
Regina da Veiga Pereira

Revisão
Sérgio Bellinello Soares

Capa
Alexandra Graham

Projeto gráfico e diagramação
Valéria Facchini de Mendonça

Fotolitos
Mergulhar Serviços Editoriais Ltda.

Impressão e acabamento
Lis Gráfica e Editora Ltda.

Miolo impresso em Chamois Bulk Dunas 90g/m2

CIP-BRASIL. CATALOGAÇÃO-NA-FONTE
SINDICATO NACIONAL DOS EDITORES DE LIVROS, RJ.

G246m Gawain, Shakti, 1948-
A visualização criativa pode mudar sua vida : usando o poder da imaginação para criar o que você quer em sua vida /Shakti Gawain: tradução Regina da Veiga Pereira e Núcleo do Texto – Rio de Janeiro : Sextante, 2002

ISBN 85-86796-78-6

1. Visualização. 2. Auto-afirmação 3. Auto-realização (Psicologia) I. Título.

01-0139. CDD 153.32
CDU 159.954.4

Editora Sextante (GMT Editores Ltda.)
Av. Nilo Peçanha, 155 – Gr. 301 – Centro
20020-100 – Rio de Janeiro – RJ
Tel.: (21) 2524-6760 – Fax: (21) 2524-6755
Central de Atendimento: 0800-22-6306
E-mail: atendimento@esextante.com.br
www.esextante.com.br

Sumário

7 A Vida É uma Jornada

13 Criação Singular

17 Busca sem Fronteiras

19 Leitura Transformadora

22 Descoberta da Visualização Criativa

24 Passos Essenciais à Visualização Criativa

27 Afirmações para a Visualização Criativa

34 Elementos Necessários à Visualização Criativa

35 Prosperando com a Visualização Criativa

37 Caderno de Visualização Criativa

41 Exercício de Visualização

44 Exercício de Meditação

49 Ferramenta Positiva

52 Compartilhando a Descoberta

54 O Livro

56 Relação Serena com os Objetivos

58 Eu Superior

61 Familiarizando-se com o Eu Superior

65 Preparação para a Conquista

68 O Parceiro de Meus Sonhos

72 A Personalidade É um Todo

78 Minha Cura

83 Níveis da Cura

85 Assumindo Tudo o que Somos

89 Frutos da Cura

91 Sonho Realizado

A Vida É uma Jornada

Quando estamos imersos na corrida e na rotina do dia-a-dia, perdemos de vista o significado da vida. Alguns param de vez em quando e se perguntam: "Para quê? Para que essa luta, esse esforço, essa dificuldade? Qual é o sentido de tudo o que eu vivo?" Outros nem chegam a formular a pergunta, mas sentem uma ansiedade, uma insatisfação crônica que nenhum bem externo é capaz de preencher. Eu já passei por tudo isso, mas não me conformei e resolvi me aplicar para descobrir a razão da minha presença neste mundo. É esta descoberta que quero compartilhar, contando também um pouco da minha história para que você me conheça melhor e me acompanhe no caminho que me trouxe paz interior e felicidade. Acho que é isso que, mesmo sem saber, todos nós buscamos.

Junto com o livro vem um CD com as meditações que preparei para ajudar você a alcançar o que deseja. Leia primeiro o texto. Ele preparará você para aproveitar melhor as meditações. Faça-as diariamente, ou com a maior freqüência possível, sabendo que desta forma você estará investindo nessa felicidade que procura. Uma felicidade feita de paz interior e de capacidade maior de dar e receber amor.

Acredito que você, eu, cada pessoa do planeta, está numa

jornada. Uma jornada de consciência na qual evoluímos, crescemos, descobrimos cada vez mais quem somos e para que fomos feitos. Uma jornada que nos possibilita expressar nossa essência, a dimensão fundamental e divina de todo ser humano. Se tivermos que usar uma só palavra para dizer o que é essa essência, a palavra é AMOR.

A força da vida

Nós não somos seres isolados. Fazemos parte de um universo que tem sua dinâmica, seu movimento. Somos a manifestação de uma imensa energia criativa que conecta todos os seres. A vida tem uma força que nos puxa, que nos leva a vencer desafios, a superar dificuldades e mesmo grandes sofrimentos. Qualquer um de nós, se parar para refletir, vai se lembrar de um momento de desespero, em que não parecia haver saída, ou de uma dilacerante dor de perda, que foram superados pouco a pouco, como se a vida, avançando com sua força, aplacasse lenta mas seguramente a agudeza das grandes crises. Mais tarde, olhamos para trás e até nos perguntamos como conseguimos sobreviver àquele momento. Mas sobrevivemos, aprendemos alguma coisa, crescemos como seres humanos.

Claro, quem dedica toda a sua energia à mera sobrevivência não nota que participa de um grande movimento evolutivo. Não percebe que tanto os obstáculos como as conquistas são parte de um processo de aprendizagem. Assim, perde o melhor e, talvez, a razão da vida.

Mas quando nos damos conta de que tudo faz parte da jornada de nossa alma, assumimos nossa evolução e participamos conscientemente dela. Qualquer ato ou acontecimento ganha um novo sentido. Perdemos o imediatismo, a necessidade de um resultado instantâneo, e passamos a acreditar nos processos que podem ser lentos, mas em que cada passo tem consistência e representa um avanço efetivo, mesmo que momentaneamente pareça haver um retrocesso.

É por isso que a meditação diária é importante: para nos fazer tomar consciência desse processo. Se não reservarmos quinze minutos, meia hora cada dia para nos voltarmos para dentro de nós e nos concentrarmos no que é essencial, corremos o sério risco de nos dispersarmos nas inúmeras demandas externas sem ter real comando sobre o nosso desejo e as nossas escolhas, por não nos conhecermos de fato.

Ocorre uma reviravolta maravilhosa em nossas vidas quando nos damos conta de que a jornada evolutiva é o que há de mais estimulante e importante neste mundo. Como é bom nos entregarmos a ela! Ao fazermos isso, assumimos um compromisso com nosso crescimento e progresso. As coisas mais banais tomam outra dimensão e nossos sonhos começam a se realizar.

Obstáculos e realizações

Gosto da metáfora da jornada, porque ela me faz pensar que temos um destino geral que esperamos atingir, mas não sabemos como vamos chegar lá, nem o que acontecerá no caminho. É uma aventura e, a meu ver, o verdadeiro motivo de existirmos.

Sim, desde que nos abrimos ao processo evolutivo global,

sabemos que nos dirigimos para um lugar de mais consciência, realização, auto-expressão, equilíbrio e integração. Não sabemos exatamente como isso se dará e, por isso, só nos resta viver um dia por vez e descobrir, enquanto seguimos, os diferentes passos a serem dados.

Para entendermos isso melhor, gosto de fazer a seguinte comparação:

Digamos que você caminha pelo campo. A paisagem é linda. Faz sol, os pássaros cantam, a vegetação é exuberante. Você se desloca levemente, assobiando ou cantando, feliz por existir.

Em determinado momento surge uma montanha. Você começa a subi-la. A escalada fica penosa, a ladeira é muito íngreme. Você não quer voltar, mas o alto da colina parece muito distante. Você sua, pára de vez em quando para descansar, mas, depois de recuperar as energias, recomeça a subir.

Finalmente chega lá em cima e olha em volta com alegria. Sente-se bem, muito bem, literalmente no topo do mundo. É o que acontece na própria vida: há instantes em que todas as coisas parecem funcionar, vemos tudo com nitidez absoluta e sentimos que vale a pena existir.

Mas você não pode ficar para sempre no alto da montanha. Sua jornada continua: lá de cima, você avista outro ponto fascinante, em outro monte, para onde resolve se dirigir. Então começa a descer vale abaixo e mergulha numa floresta. Para sua surpresa, ela é escura, tem vegetação espessa e animais ferozes, que soltam rugidos assustadores.

Talvez você sinta um grande desânimo: parece um absurdo que, depois de todo o suor da subida da montanha e do alívio e euforia que sentiu ao chegar ao topo, a situação volte a ficar difícil e delicada. Você se recrimina por ter desejado atingir esse novo ponto, por não ter se acomodado no topo atingido onde tudo parecia lindo e fácil. Qual o sentido de enfrentar esses novos riscos e obstáculos?

Pouco a pouco, porém, você reencontra o caminho. Os empecilhos se reduzem. De repente surge uma clareira agradabilíssima. Nela, você se senta para descansar e, ao avaliar o que acabou de ocorrer, descobre o que aprendeu com a dura experiência pela qual acabou de passar. Percebe que adquiriu resistência para enfrentar situações semelhantes, que perdeu alguns medos, que agora sabe que é capaz de superar obstáculos. E que é justamente por ter enfrentado dificuldades que pode dar o justo valor ao prazer do presente.

Pouco depois, você levanta e segue, agora de maneira ascendente, até o alto de nova colina, enfrentando dificuldades diferentes, mas agora com nova consciência e confiança.

Na vida ocorre a mesma coisa: muitas vezes nos sentimos perdidos, desamparados, correndo perigo. Passamos a nos perguntar se não estamos sendo injustiçados. Mas quando as dúvidas vierem abalar nossa confiança, devemos sempre lembrar o seguinte: existe em nós essa força da vida. Quanto mais ouvirmos nós mesmos e seguirmos nosso movimento interior, mais chances teremos de nos manter no fluxo da evolução universal e de encontrar portas que se abrem exatamente onde precisamos.

Pense na comparação com a jornada: seguimos sempre, cada vez para mais longe. A cada nível atingido surgem novos desafios, que fazem com que, por algum momento, o processo volte a ficar difícil e confuso. Mas se isso acontece é porque há outras curas a serem feitas em nós mesmos, mais coisas a serem aprendidas, maior crescimento em perspectiva.

E a jornada continua, pois é um processo que dura toda a vida. Para mim, ela é um processo em constante desdobramento. Como somos seres infinitos, jamais nos contentamos com o grau de consciência atingido. Percebemos que há sempre mais progresso a fazer.

Partilha de indagações e descobertas

Gosto muito de dividir com as pessoas as reflexões, descobertas, perguntas e desafios que me ocorrem durante minha jornada. Acho fundamental essa troca de vida: não só deixamos de nos sentir isolados, como se as coisas acontecessem só conosco, como aprendemos muito uns com os outros.

É por isso que quero contar um pouco da minha história e dos encontros que mudaram minha existência e de muita gente que conheci pelo mundo.

Vou falar sobre as idéias e técnicas que aprendi e sobre a forma de você incorporá-las ao seu cotidiano. Desejo, com tudo isso, tornar sua existência mais rica e estimulante, fazendo de você uma pessoa feliz e realizada.

Criação Singular

Minha mãe estava grávida de mim e, como as demais mulheres de sua geração, pretendia receber todos os cuidados médicos disponíveis, sobretudo anestesia para não sentir qualquer dor.

Durante a gravidez, encontrou um livro sobre parto natural e ficou encantada com a maneira de dar à luz que a humanidade conhecia há milhares de anos, mas esquecera. Tomou uma decisão que comunicou entusiasmada ao seu obstetra:

– Não quero anestesia!

Era a primeira mulher de quem aquele médico faria o parto sem anestesia. Causou sensação na maternidade: todos os médicos e enfermeiras vieram até o quarto para ver aquela coisa impressionante – uma criança nascendo naturalmente.

No correr da minha vida, pensei várias vezes na maneira ao mesmo tempo antiga e inovadora com que vim ao mundo. Esse fato sempre me encheu de orgulho, ao apresentar a protagonista – minha mãe – como uma pessoa realmente forte. Era como se a energia gerada por esse ato de coragem tivesse se transmitido a mim.

Infância de perguntas

Meus pais eram pessoas muito intelectualizadas. Ateus, não acreditavam em nada ligado ao mundo espiritual. Por isso, cresci valorizando sobretudo o que dizia respeito ao cérebro.

Eu era uma criança esperta, com bom desempenho escolar. Não tinha quase nenhuma formação religiosa, pois meus pais diziam que eu deveria descobrir, por mim mesma, o que seria a minha verdade. Lembro-me de que, nessa época, eu pensava que Deus era algo que as pessoas construíam simplesmente para se sentir mais bem protegidas, para terem uma resposta ao sentido da vida, já que ninguém sabia por que se encontrava aqui, nem as razões do que acontecia. Deus seria o resultado da necessidade de construir explicações para o surgimento do Universo e o propósito da existência.

Na maioria das vezes, as religiões nos fornecem respostas prontas para essas perguntas. Neste sentido, o fato de ter sido criada num meio ateu foi uma vantagem para mim. Minha cabeça estava cheia de questões que, por não encontrarem respostas prontas e institucionais, permaneceram exigindo soluções que impulsionaram minha busca.

Pioneira exemplar

Meus pais se separaram quando eu tinha apenas três anos, o que me deixou muito traumatizada. Para completar, passei muitos anos vendo pouquíssimo meu pai. Minha sorte é que minha mãe era uma mulher pioneira, interessante e corajosa.

Uma de suas façanhas foi fazer uma ótima carreira como arquiteta urbana, profissão que pouquíssimas mulheres abraçavam na época. Ou seja: ela foi ao mundo dos homens e conquistou seu espaço.

Portanto, tive um modelo que me mostrava – não com palavras, mas com uma prática concreta – que eu poderia fazer qualquer coisa. Não fui ensinada a pensar que, como mulher, minhas opções eram limitadas e que eu tinha apenas que me preparar para casar, ter filhos ou algo assim. Ao contrário: sempre tive a convicção de que poderia fazer tudo o que quisesse.

Sou tão feliz por isso! Consegui muita coisa na vida justamente por confiar em mim mesma e tomar a iniciativa de buscar o que queria.

Desilusão propulsora

Ao fazer quatorze ou quinze anos, tive meu primeiro namoro, que acabou rapidamente. É natural que as pessoas se deprimam quando são feridas. Mas, em mim, o término do namoro provocou uma dor imensa e um enorme vazio.

Mais tarde descobri que não foi o fim do romance que provocou o vazio. Este já existia, a decepção amorosa só serviu para revelá-lo. O fato é que, naquela época, eu não sabia o que fazer com meu vazio. As coisas comuns da vida não estavam me preenchendo, mas eu também não sabia o que me preencheria. Comecei a perceber que queria respostas para as perguntas básicas de sempre: "Quem sou eu? O que isso tudo significa? Qual o sentido e o propósito da vida? Haverá algum?" Estas indagações voltaram com força total e me tomaram completamente.

Na tentativa de respondê-las, dei início a uma verdadeira busca: comecei a ler livros de psicologia, filosofia, metafísica. Passei a fazer ioga, aprendi a meditar. Por fim, resolvi entrar numa faculdade de dança – forma de arte que eu sentia como se sempre tivesse estado em minha cabeça.

Ao trabalhar meu corpo, ao começar a movimentá-lo integralmente, senti que a energia o percorria de uma maneira que eu jamais experimentara. Como isso me ajudou! Quantas portas começaram a se abrir para mim!

Eu realmente estava em busca. Queria encontrar algo que me preenchesse plenamente. Intuía que a vida poderia propiciar uma realização profunda. As leituras, a ioga, a meditação e a dança formavam um conjunto poderoso, mas ainda não eram o suficiente. Eu queria mais: certo dia, simplesmente embarquei para a Europa.

Busca sem Fronteiras

No Velho Continente, fiquei circulando pelos diferentes países, até que me apaixonei por um americano que estava partindo para a Índia. Como eu queria ficar com ele, embarquei junto. Fomos muito longe!

Compramos um velho furgão por quatrocentos dólares e cruzamos a Turquia, o Irã, o Afeganistão e o Paquistão, viajamos pela Índia durante meses, demos uma espécie de volta na Ásia.

Uma das coisas engraçadas é que, ao partir dos Estados Unidos, eu tinha uma grande mochila, cheia de coisas de que realmente parecia precisar. Com o passar do tempo, ao sentir a mochila cada vez mais pesada, comecei a me livrar das coisas, até simplesmente abandonar a mochila.

Cheguei à Índia apenas com uma sacolinha contendo uma escova de dentes e uma muda de roupa. E percebi que não necessitava de quase nada. Estava praticamente sem dinheiro, mas o pouco que me restava parecia esticar. Descobrir que não precisava de muita coisa foi um fantástico aprendizado, num nível muito profundo.

Meu namorado e eu nunca sabíamos o que nos aguardava. Acordávamos cada manhã apenas com a certeza de que precisávamos encontrar um lugar para dormir naquela noite. E que, em algum ponto da estrada, precisaríamos comer. Quanto ao resto, não tínhamos a menor idéia do que aconteceria.

Essa longa viagem foi uma experiência impressionante e o verdadeiro começo de minha jornada de consciência. Descobri que não precisava saber aonde estava indo, nem o que estava acontecendo.

Em determinado momento, notei que estava sendo levada por uma força existente em meu próprio interior e que, se eu a seguisse, certamente ficaria bem. Era como se pudesse confiar que aquela força interior tomaria conta de mim. De fato, as coisas se desenrolaram de uma maneira incrível.

Leitura Transformadora

Ao voltar para os Estados Unidos, me dei conta da transformação que se operara em mim. Uma coisa tinha ficado clara: não havia nada exterior que pudesse preencher minha insatisfação. Não seria um casamento, uma carreira, qualquer bem material que me fizesse alcançar a plenitude que eu buscava.

Algo me dizia que, se eu mergulhasse em meu próprio íntimo e me dedicasse ao processo interior de cura e amadurecimento, tudo o que eu desejasse no fundo do meu coração aconteceria. Caso contrário, por mais bem-sucedida que fosse, continuaria insatisfeita – talvez mais do que antes da viagem, porque agora descobrira dimensões que não conhecia antes.

Sim, eu precisava viver intensamente meu processo de crescimento pessoal. Como eu não tinha profissão e sobrevivia de bicos, mal tinha dinheiro para pagar meu aluguel e arcar com minhas necessidades básicas. Imagine se poderia comprar livros! Mas não desanimei: fui a uma livraria especializada em metafísica e pedi permissão ao proprietário para sentar e ler. Ele me deixou à vontade.

Um dos livros que caiu em minhas mãos na época foi *The Nature of Personal Reality*, de Seth. Comecei a lê-lo e senti que ele ampliava – de maneira incrível – a minha consciência! Consegui comprá-lo e o levei para casa.

Eu lia durante quinze a vinte minutos e então adormecia. Não porque o texto fosse enfadonho, ao contrário: a mensagem era tão intensa e expandia de tal maneira minha consciência que eu precisava recebê-la em doses homeopáticas. Depois de ler um pouco, eu simplesmente tinha que passar algum tempo dormindo e, assim, deixar meu espírito digerir placidamente o que acabara de receber.

Em síntese, o que este livro diz é o seguinte: ao contrário do que parece, não existe matéria sólida. O Universo está em constante fluxo em todos os planos, inclusive no físico. Isso significa que, a todo momento, estamos criando nossa própria experiência da realidade.

A realidade não é um fato concreto e sim algo que percebemos. Quanto mais prestamos atenção a ela, quanto mais tomamos consciência do seu caráter fluido, mais podemos transformá-la. Aprendi com o livro outra coisa importantíssima: aquilo que está acontecendo dentro de nós determina as pessoas e as coisas que atraímos.

Compreendi que cabia a mim criar minha própria experiência do mundo. Até então, eu achava que aquilo que nos acontecia independia de nós, como se não tivéssemos qualquer controle sobre a realidade. As coisas aconteciam à nossa revelia, e o máximo que podíamos fazer era administrá-las da melhor maneira possível.

A leitura daquele livro me mostrava algo totalmente diferente: que o poder de criar a realidade se encontrava em minhas mãos. Em vez de pensar que a realidade era decidida por alguma força existente em algum lugar externo, entendi que tudo emanava de mim. Ah, como isso mudou a minha maneira de ver e levar a vida! Aprender que transformamos o mundo exterior a partir de nosso próprio interior me fortaleceu muito.

Talvez a reação de algumas pessoas a essa idéia seja de acusar-se, achando que, se sua vida é negativa e insatisfatória, a culpa é delas. Ao reagir assim, elas se esquecem de duas coisas: primeiro, que é nossa formação que nos faz infelizes, enchendo-nos de um sentimento de culpa e de uma autocensura que dificultam nosso avanço espiritual. Segundo, que nossa jornada na Terra é um processo que combina criação e aprendizagem: criamos uma experiência, aprendemos com ela, criamos outra já incorporando esse aprendizado, aprendemos, e assim sucessivamente. Dessa forma nos curamos e crescemos.

Na verdade, é como se fôssemos crianças na escola. Em cada etapa de aprendizado a vida nos oferece um espelho no qual vemos aquilo que somos, descobrimos onde chegamos até o presente e vislumbramos parte do que temos a aprender no futuro.

As pessoas muito exigentes com elas mesmas podem sempre pensar: "Ainda estou no científico, quando já deveria estar na faculdade." Mas achar isso é perder tempo e energia. Não importa o nível em que estamos, mas o processo em crescimento constante, cada passo levando ao seguinte.

Por isso, em vez de nos acusar e sentir remorsos, devemos nos perguntar:

- Como usar positivamente o que acabo de descobrir?
- Como acolher esses novos dados e integrá-los harmoniosamente à minha vida?
- Como manter meu espírito suficientemente aberto para aprender, crescer e mudar a partir de cada experiência?

Descoberta da Visualização Criativa

Nos Estados Unidos, comecei também a freqüentar seminários, onde conheci muitos terapeutas e professores. Acabei descobrindo certas técnicas e ferramentas que realmente me ajudaram a responder a algumas daquelas perguntas que eu me fazia desde a infância. Isso realmente fez uma grande diferença em minha vida.

Mas não há dúvida de que, mais uma vez, foi minha mãe quem me abriu um vasto horizonte. Certo dia, ela me falou de uma técnica que conhecera e que a deixara maravilhada: a visualização criativa.

Achei interessante o que ela me descreveu, mas, como sou racional, cética e prática, só aceito alguma coisa depois de testá-la pessoalmente. Foi o que fiz e, já das primeiras vezes, uma parte minha percebeu que se tratava de algo que parecia mágico. Constatar que a visualização criativa realmente funcionava foi incrível!

A visualização criativa é muito simples: você começa relaxando, faz um pouco de meditação para mergulhar no seu próprio interior e, então, pensa em algo que deseja muito. Imagina o sonho como se ele já fosse realidade. No CD que acompanha este livro dou instruções para orientar você em todo esse processo. Você vai se maravilhar com os resultados, assim como amigos meus muito céticos que, por insistência minha, decidiram experimentar – afinal não tinham nada a perder e o relaxamento só podia fazer-lhes bem – e depois, surpresos e encantados, vieram me contar os resultados.

A idéia da visualização criativa é experimentar internamente aquilo que você quer ver materializado. Você o cria primeiramente no seu interior, de modo a senti-lo. Ao focalizar regularmente essa imagem, idéia ou sentimento, você lhe dá energia positiva e, assim, contribui para sua materialização.

Você pode se imaginar com uma nova casa, uma relação amorosa satisfatória, sentindo a calma e serenidade que procura, resolvendo um problema de saúde ou uma dificuldade financeira. Qualquer coisa, desde as mais simples, até ver-se como um ser radiante, pleno de luz e amor. Em qualquer nível em que se concentre você obtém resultados.

Para usar a visualização criativa, não é preciso acreditar em qualquer idéia metafísica ou espiritual. Não é necessário "ter fé" em qualquer força fora de você. Basta ter uma mente suficientemente aberta para tentar algo novo, de maneira positiva.

Passos Essenciais à Visualização Criativa

Para usar eficazmente a visualização criativa, siga os passos que descrevo a seguir:

Estabeleça seu objetivo

Comece decidindo o que quer ter, desenvolver, realizar ou criar. Pode ser trabalho, casa, relação, mudança pessoal, prosperidade, mais felicidade, melhoria de saúde, beleza, ganho de forma física, resolução de um problema familiar. Como já disse, qualquer coisa.

Inicialmente, escolha objetivos nos quais você acredite com facilidade e que possa realizar num futuro próximo. Assim, não precisa enfrentar muita resistência interna e aumenta seus sentimentos de sucesso. Mais tarde, ao adquirir prática com a visualização criativa, você poderá ter objetivos mais difíceis ou desafiadores.

Crie uma idéia, imagem ou sentimento

Quando falo em visualização criativa, muitas pessoas logo

me dizem: “Mas eu não consigo ver imagem nenhuma!” Não é preciso ver uma imagem, basta pensar no que você deseja com intensidade. Crie uma idéia, imagem mental ou sentimento de seu objetivo exatamente como você o quer. Pense nele no presente, existindo agora da maneira que você aspira. Imagine-se na situação desejada. Inclua todos os detalhes que quiser. Coloque-se na cena.

Visualize seu objetivo como se ele já fosse realidade

Digamos que você tenha enviado um currículo para algumas empresas, entre as quais está a sua preferida.

Para reforçar a concretização de ser aceito por ela, acrescente o máximo possível de detalhes: localização, tamanho, ambiente de trabalho, funcionários, salário, etc.

Mais do que isso, visualize a conquista do emprego como se já fosse realidade. Veja-se trabalhando neste local. Isso contribui bastante para a obtenção da resposta positiva por parte da companhia que lhe convém.

Em seguida, envolva essa imagem, idéia ou sentimento em uma luz rosa, como se fosse uma bolha de luz dentro da qual fica o seu desejo. Solte a bolha para o Universo, veja-a afastar-se até desaparecer.

Traga sua idéia ou imagem à mente durante suas sessões de meditação, mas também em meio às atividades cotidianas. Assim, ela se torna parte integrante de sua vida e fica mais real para você, que passará a manifestá-la com mais facilidade.

Ao focalizar seu objetivo, pense de maneira encorajadora. Repita frases fortemente positivas, nas quais seu desejo exista e já tenha se realizado.

Essas frases são chamadas afirmações e delas falaremos no próximo capítulo.

Afirmações para a Visualização Criativa

Se você pensar bem, nós vivemos fazendo afirmações. Há pessoas cuja tendência é fazer afirmações negativas: "Comigo nada dá certo", "Vai ser muito difícil encontrar um emprego", "Tenho certeza de que não vamos conseguir cumprir o prazo". Mesmo quando são elogiadas, elas retrucam: "Você está exagerando! Esse meu texto está medíocre. Meus filhos parecem bem-comportados, mas você precisa vê-los em casa. São infernais, malcriados..." e daí por diante. São pessoas que parecem ter sempre uma nuvem negra sobre a cabeça. Com suas afirmações negativas, criam um campo de energia em torno de si que parece atrair impossibilidades, problemas e fracassos.

Por outro lado, há pessoas que parecem luminosas: elas se alegram com o que há de positivo em suas vidas, acreditam que o negativo pode ser superado, têm confiança na sua capacidade de transpor dificuldades. Você conhece tanto umas quanto as outras e sabe intuitivamente que estas últimas têm muito mais probabilidades de serem felizes e atraírem o que desejam.

Por isso, no seu dia-a-dia, preste atenção nas afirmações

que faz. Elas têm uma influência direta em sua vida e são muito importantes para conseguir aquilo que você visualiza.

Criei as afirmações que estão no CD como um exercício diário para atrair o bem que você deseja. Inicialmente elas podem lhe parecer falsas, pretensiosas e até ridículas, sobretudo se sua tendência for para o pessimismo. Lembre-se, porém, que, ao dizê-las, você estará movimentando energias positivas. Enquanto as repete, insista em colocar de lado qualquer dúvida ou descrença. Habitue-se ao sentimento de que aquilo que você deseja é real e possível. No CD existem várias afirmações ligadas a diferentes setores de vida. Elimine ou acrescente as que desejar.

Retome as afirmações durante o dia. Elas podem ser feitas silenciosamente, pronunciadas em voz alta, escritas, recitadas ou mesmo cantadas. Mesmo cinco minutos diários de afirmações podem contrabalançar anos de velhos hábitos mentais negativos.

A afirmação pode ser bastante geral ou muito específica, contanto que seja positiva.

Seguem algumas regras importantes a serem lembradas sobre afirmações:

Coloque as afirmações no presente, não no futuro

É importante tratar seu desejo como se ele já estivesse concretizado. Não diga: "Vou conseguir um trabalho maravilhoso", e sim: "Tenho um trabalho maravilhoso." Isto não significa mentir para si, mas apenas reconhecer que tudo é criado primeiramente no plano interior, antes de se manifestar na realidade exterior.

Verbalize as afirmações da maneira mais positiva que conseguir

Afirme o que você quer, não o que você não quer. Não diga: "Nunca mais vou fumar", e sim: "Agora, não estou fumando e sinto muita disposição e energia." Isto lhe permite criar a imagem mental mais positiva possível.

Em geral, quanto mais curta e simples é a afirmação, mais eficaz ela se mostra

A afirmação deve ser clara e veicular um sentimento forte. Quanto mais sentimento ela transmite, mais intensa é sua impressão sobre a mente. As afirmações longas, prolixas e teóricas perdem o impacto emocional.

Escolha afirmações apropriadas a você

Toda afirmação deve ser positiva, libertadora e estimulante. Mas o que funciona para uma pessoa pode não servir para outra. Por isso, faça afirmações que soem como verdadeiramente suas, com as palavras que você usa normalmente. É por isso que digo que as afirmações do CD são apenas sugestões: substitua tanto as frases como a forma de dizê-las sempre que achar que não se adequam a você. Mas cuidado, se a sua tendência é negativista.

Tente, o máximo possível, criar a convicção de que suas afirmações têm base real

Ao menos por alguns minutos, coloque em suspenso dúvidas e hesitações, para concentrar toda a sua energia mental e emocional nas afirmações.

Em lugar de fazê-las maquinalmente, procure sentir que você tem o poder de criar essa realidade (o que, de fato, é verdade). Isto imprimirá mais eficácia às afirmações.

Maneiras de usar as afirmações

Há muitas maneiras de você usar as afirmações para ter uma visão mais positiva e criativa de sua vida, assim como para atingir objetivos específicos.

Em sessões de meditação

Faça afirmações para si, em silêncio, enquanto medita ou relaxa profundamente, sobretudo antes de dormir ou logo após acordar.

Falando

Em silêncio ou em voz alta, faça as afirmações sempre que elas lhe ocorrerem – sobretudo quando estiver realizando tarefas rotineiras.

Faça afirmações em voz alta, olhando-se no espelho. Isto é

especialmente bom para ampliar a auto-estima e o amor-próprio.

Olhe-se diretamente nos olhos e afirme sua beleza, sua capacidade de dar e receber amor, seu merecimento. Se sentir um pouco de vergonha, insista até vencê-la.

Acolha as emoções que talvez venham à tona. Não as reprima. Grave suas próprias afirmações numa fita e ouça-as em casa, quando estiver dirigindo e em outras situações que escolher.

Você pode também gravar três ou quatro frases que descrevam, como se já fosse realidade, a visualização ideal de si ou de uma situação particular. Faça isto também na primeira, segunda e terceira pessoas.

Escrevendo

Escrever afirmações é um recurso bastante eficaz e dinâmico, pois a palavra escrita tem um grande poder sobre a mente. Ao redigir também lemos, o que significa que recebemos energia em dobro.

Escolha uma das afirmações e escreva-a dez ou vinte vezes, concentrando-se em cada palavra.

Se, enquanto estiver escrevendo, encontrar uma maneira melhor de fazer a afirmação, adote-a.

Essa é uma das técnicas mais poderosas e mais fáceis de fazer afirmações.

Escreva ou digite afirmações e espalhe-as em diferentes lugares de sua casa ou trabalho, como se fossem lembretes. Pode ser na geladeira, telefone, espelho, escrivaninha, cabeceira da cama e mesa de jantar.

Cantando

Se você gosta de cantar ou tem talento musical, aprenda canções que afirmem a realidade que você quer criar para si. Ouça-as e cante-as com freqüência.

Componha suas próprias canções a partir de afirmações.

Listas de afirmações

Seguem algumas listas de afirmações que você pode usar ou adaptar às suas necessidades e objetivos.

Aceitando-se

Eu me aceito completamente, aqui e agora.

Eu me amo completamente como sou e, a todo momento, estou melhorando.

Nenhum sentimento meu é negativo. Cada um deles é parte importante do que sou.

Sentindo-se bem

Eu me divirto e tenho prazer, pois sei que isso me faz bem.

Eu me sinto entregue à serenidade e à paz interior.

Estou feliz de ter nascido e adoro viver.

Relacionamentos

Eu mereço amor e prazer sexual.

Quanto mais me amo, mais amo _____.

Amo _____ e _____me ama.

Abrindo-se à criatividade

Agora, sou um canal de energia criativa.

A cada dia estão me chegando inspiração e idéias criativas.

Sou eu que crio minha vida.

Elementos Necessários à Visualização Criativa

Dentro de você há três elementos determinantes do sucesso da visualização criativa:

Desejo

Você precisa experimentar um desejo verdadeiro de obter ou criar o que decidiu visualizar.

Convicção

Quanto mais você acredita no objetivo escolhido e na possibilidade de atingi-lo, mais chances tem de obter êxito.

Aceitação

É muito importante você estar querendo aceitar e obter aquilo que está buscando.

Às vezes perseguimos objetivos sem verdadeiramente querermos atingi-los. Contentamo-nos com o simples processo de busca.

Prosperando com a Visualização Criativa

Uma parte muito importante do processo de visualização criativa é desenvolver o senso de prosperidade. Quando falo em prosperidade, não estou me referindo a riqueza pessoal, mas ao fato de o Universo ser abundante e de que a vida nos oferece tudo o que nossos corações e almas realmente desejam – espiritual, mental, emocional e fisicamente.

Como já disse, uma das causas mais comuns de fracasso quando você busca o que quer é cultivar a idéia de carência. É uma atitude ou uma série de convicções sobre a vida que costumam ser formuladas como nos seguintes exemplos:

Não há o suficiente para todos.

É egoísta ter tanto quando outros têm tão pouco.

Devemos trabalhar pesado e nos sacrificarmos por tudo o que queremos.

É mais nobre e digno ser pobre.

Essas convicções são falsas. Elas se baseiam na falta de compreensão de como o Universo funciona ou da interpretação equivocada de alguns princípios espirituais importantes. Não beneficiam você nem ninguém. Simplesmente impedem a humanidade de realizar seu estado natural de prosperidade e plenitude em todos os níveis.

Caderno de Visualização Criativa

É ótimo ter um caderno para a visualização criativa. Ele funciona como um verdadeiro diário de seu progresso no uso dessa técnica maravilhosa. O fato de registrar o seu desejo faz você tomar consciência dele mais profundamente e permite que você compare o que expressou com o realizado.

Nem sempre o que você consegue é exatamente o que pediu, mas certamente é algo para o seu bem. Pode ser que na hora você não se dê conta disso e se desaponte. Mas, passado algum tempo, percebe o sentido do que aconteceu ou não aconteceu. Por isso mesmo o caderno é um instrumento muito valioso na transformação de sua vida.

No caderno, você escreve afirmações que ouviu ou pensou. Registra sonhos, objetivos, fantasias, cenários ideais, pensamentos e citações, faz desenhos, cola recortes, fotos, o que quiser.

Quanto mais livre, variado e criativo é o uso do caderno, melhor. O importante é que ele expresse o processo de expansão de sua consciência e lhe possa ser útil sempre que você precisar.

Seguem algumas sugestões para seu caderno:

Afirmações

Anote suas afirmações favoritas. Liste-as numa só página ou dedique uma página a cada uma delas. Se puder, enfeite com bordas e desenhos decorativos. Assim, o benefício da meditação será acrescido do prazer da beleza.

Lista do sucesso

Liste todas as coisas para as quais você sente que tem talento ou nas quais obteve sucesso ou progrediu em algum momento. Não estou apenas me referindo ao trabalho, mas às demais áreas da vida.

Escreva todas as suas realizações que você sentiu como importantes, da forma mais espontânea possível, mesmo que não signifiquem nada para as outras pessoas. Vá registrando à medida que forem lhe ocorrendo. Podem ser coisas aparentemente insignificantes, minúsculas conquistas, medos e inibições superados, mas que deram a você a sensação de estar caminhando para superar dificuldades ou conquistar o seu objetivo.

A finalidade dessa lista é você tomar posse do que tem ou conseguiu de positivo, alegrar-se com isso e admirar-se. A consciência de suas realizações lhe dará energia para realizar cada vez mais.

Lista da gratidão

Liste todas as coisas boas – grandes ou pequenas – que você

teve e tem na vida. Depois, leia vagarosamente e agradeça por cada uma.

Temos uma tendência muito maior a reclamar do que nos acontece de negativo do que de agradecer as pequenas e grandes alegrias que cada dia nos traz. Fazer e ampliar essa lista abre nossos olhos e nosso coração para essas extraordinárias riquezas que podem correr o risco de passar despercebidas. Agradecer por tudo isso cria um espaço positivo dentro de nós, movimentado energias que contribuem para nossa felicidade.

Lista da auto-estima

Liste todas as coisas de que você gosta em você, todas as suas qualidades. Não se trata de narcisismo e sim de um meio de você se sentir bem em relação a si mesmo.

Afinal, quanto mais você reconhece suas próprias qualidades, mais feliz se mostra, mais deixa fluir sua energia criativa e mais contribui para o mundo.

Lista dos pequenos prazeres

Anote todas as coisas boas que é capaz de fazer para você.

Esses prazeres podem ser pequenos ou grandes, mas, entre eles, inclua coisas fáceis de serem realizadas no dia-a-dia: um passeio pela natureza, um lençol de cama macio, uma música bonita enquanto dirige, a conversa com um amigo querido, o nascer da lua na praia. As possibilidades são infinitas.

Ao anotar aquilo que lhe dá prazer, você rompe com

a rotina repetitiva e começa a conceder-se esses presentes. Isto amplia sua sensação de bem-estar, o que lhe possibilita criar sua vida a partir de uma base mais positiva.

Lista de cura e assistência

Anote o nome de todas as pessoas que você conhece que precisam de cura, consolo, ajuda, apoio especial ou assistência de algum tipo.

Escreva afirmações sobre cada uma dessas pessoas.

Assim, cada vez que folheia o caderno, você envia energia para elas.

Fantasias e idéias criativas

Liste todos os planos, sonhos para o futuro e idéias criativas que lhe ocorrerem.

Anote todos, inclusive aqueles que lhe parecem forçados ou impossíveis de serem alcançados.

Isto lhe ajuda a se soltar, ao mesmo tempo em que estimula sua imaginação e sua criatividade.

No cotidiano agitado em que vivemos, certamente temos dificuldade de encontrar tempo para nossos cadernos. No entanto, se lhes dedicarmos alguns minutos diários ou uma ou duas horas semanais, logo perceberemos que esse tempo não é nada comparado ao progresso interior que eles produzem em nós. E posso lhe garantir que, aos poucos, irá ficando mais fácil escrever e você sentirá muito prazer ao fazê-lo.

Exercício de Visualização

Continuando com minha história, comecei a praticar essa técnica simples de que minha mãe me falara e fiquei surpresa com todas as coisas que começaram a acontecer. Por exemplo: eu pensava em conseguir um determinado trabalho, visualizava-o em detalhes, sentia como se ele já fosse realidade e, de forma aparentemente milagrosa, ele acontecia.

Claro, nem tudo se desenrolava como eu previa, nem as coisas todas que visualizei viraram realidade. Mas era extraordinária a quantidade de desejos e necessidades que, uma vez visualizados, eram satisfeitos. Isso me encheu de entusiasmo: comecei a achar que poderia criar integralmente minha realidade como bem a desejasse.

Cheguei a pensar que a visualização criativa era uma ferramenta que me possibilitaria usar o Universo do jeito que eu quisesse. Depois de um tempo, porém, compreendi que não controlamos o Universo. Na verdade, o Universo sabe o que faz. A vida está sempre nos oferecendo o que precisamos para crescer e realizar nosso potencial, aquilo para que fomos criados.

O problema é que levantamos muitas barreiras à realização plena da generosidade do Universo. Temos limitações decorrentes da nossa natureza ou da formação que recebemos. Uma das características mais interessantes da visualização criativa é justamente abrir nosso interior para deixar fluir a energia do Universo, para permitir a concretização das coisas que desejamos e de que precisamos para o nosso bem.

Neste sentido, se aquilo que pedimos ou desejamos não servir para nosso crescimento, ou se não estivermos naquele momento preparados para receber, simplesmente não acontece. Quando isto suceder, por favor, não desanime. Um dia você descobrirá a razão do que num determinado momento lhe causou tristeza e frustração. Portas que se fecham dão chance a que outras se abram. O importante é que a visualização criativa ajuda a nos abrir e a nos preparar para acolher as coisas de que precisamos.

A visualização criativa possibilita também perceber onde se encontra nossa resistência, isto é, facilita nossa percepção das dúvidas, medos e conflitos que precisamos enfrentar para obtermos o que desejamos. E além disso é uma técnica muito fácil de ser praticada.

Quer experimentar? Então faça o exercício que proponho a seguir.

Feche os olhos por um instante, respire profundamente algumas vezes e procure relaxar. Simplesmente tente se ver em casa, na sala de jantar. Agora, imagine-se entrando na cozinha. Há um perfume de café recém-coado no ar. Aspire. Lave as mãos. Feche a torneira, enxugue as mãos e abra a geladeira.

Lá dentro há uma torta simplesmente deliciosa. Tire-a e feche a geladeira. Dê uma mordida na torta. Que delícia! Deguste-a sem receio e sem culpa, pois, além de ser muito gostosa, não tem calorias! Coma-a inteira e, se quiser, lamba os dedos.

Lave novamente as mãos.

Volte calmamente ao momento atual e abra os olhos.

Sabe o que você acaba de fazer? Visualização.

Escolhi uma cena corriqueira justamente pela facilidade de ser visualizada. A maioria das pessoas consegue se ver em sua sala de estar, transitando pela casa e realizando os gestos comuns. Vê, sente perfumes e gostos, é até capaz de ouvir sons.

Devemos lembrar, porém, que nem todas as pessoas têm a mesma capacidade de visualizar. Algumas fecham os olhos e já vêem uma imagem nítida do que descrevemos. Outras vislumbram algo vago ou conseguem apenas pensar sobre o que foi sugerido.

Mas a diferença na maneira de visualizar não determina o resultado. Se você capta uma imagem nítida, um vulto embaçado ou simplesmente um pensamento, pouco importa. Faça o que for mais fácil para você, o que lhe ocorrer naturalmente.

O importante é ir aumentando gradativamente a capacidade de concentração no desejo visualizado, sentido ou pensado. Um dos exercícios que mais contribui para isso é a meditação regular. Vamos falar um pouco então sobre meditação.

Exercício de Meditação

A meditação é um puro ato de concentração, de focalização em nós mesmos. Se pensarmos o quanto somos puxados e solicitados para o que é externo a nós o dia inteiro – e às vezes à noite, por causa de nossas preocupações –, é fácil concluir como é importante termos pelo menos alguns minutos por dia para tomarmos contato profundamente com nosso próprio centro, para nos conectarmos com nossa energia.

A meditação contribui poderosamente para a paz interior e, dessa forma, traz consideráveis benefícios, inclusive para a saúde física. Passamos a ver a existência com mais clareza, percebemos com maior nitidez o que realmente queremos e temos mais força para realizá-lo.

Preparação

Procure um lugar silencioso, onde não haja interrupção. Use roupa leve e confortável, sem nada que aperte.

Sente-se de maneira ereta, com as costas apoiadas no espaldar da cadeira. Encontre uma posição em que você se sinta bem.

Feche os olhos.

Relaxando

Inspire profundamente várias vezes e, ao expirar, vá relaxando o corpo.

Solte cada parte tensa ou presa de seu corpo. Se alguma área específica estiver enrijecida, imagine-se levando a respiração até ela. Continue respirando até sentir que o corpo está todo relaxado.

Muitos pensamentos virão à sua mente. Não os combata. Tome consciência deles e mande-os embora suavemente. Continue respirando.

Concentre sua atenção apenas na respiração, no ar que entra por seu nariz, vai até seus pulmões, até sua barriga que se levanta a cada inspiração e que baixa com a saída do ar pela boca.

Criando um centro

Sempre respirando profunda e suavemente, vá se concentrando em algum ponto no interior do seu ser. Escolha um lugar do seu corpo, como por exemplo seu peito, ou a área do estômago e faça dele o centro de concentração.

Não precisa fazer nada: apenas deixe seu eu descansar nesse lugar profundo. Continue respirando e usufrua desse momento de sossego.

Visualizando seu objetivo

Nesse lugar profundo e tranqüilo, deixe sua mente ser invadida por alguma coisa muito simples que você gostaria que aconteceesse.

Essa coisa pode ser em qualquer campo: trabalho, casa, dentro de você. Pode ser um passo qualquer em seu amadurecimento, alguma mudança que você gostaria que ocorresse ou algo que você quer criar em sua vida.

Crie uma imagem daquilo que você deseja com o maior número de detalhes possível. Se não for uma imagem, pode ser um sentimento ou simplesmente um pensamento – pouco importa. Coloque-se na cena.

Agora, comece a imaginar que essa coisa já é realidade, está acontecendo ou já aconteceu. Imagine que já conquistou seu objetivo.

Soltando o objetivo no Universo

Imagine-se pegando essa experiência que você acabou de ter, de algo que você realmente quer ou que já está acontecendo, e colocando isso numa linda bolha rosa.

Imagine-se soltando essa bolha rosa, muito levemente, no ar. Deixe-a partir. Você não a está jogando fora e sim soltando-a no Universo, para que ele acolha o seu objetivo. Ao mesmo tempo, está se desapegando do objetivo específico que você determinou e deixando a cargo do Universo o que for para o seu maior bem.

Uma vez solto, seu objetivo pode se concretizar no tempo apropriado. Você não está tentando controlá-lo e sim deixando que ele se realize no momento mais acertado.

Conectando-se ao Universo

Com os olhos ainda fechados, deixe sua consciência se expandir até o resto do Universo.

Imagine o mundo como um espaço generoso, propício à sua evolução e à realização de seus sonhos.

Retornando ao exterior

Pouco a pouco, volte a sentir seu corpo. Vá abrindo os olhos lentamente. Vá para suas atividades, mas procure manter a consciência desse centro do seu corpo, desse lugar profundo em seu interior. Sinta-o sempre que possível durante o dia.

Assim, você conserva raízes dentro de você. Isso fortalece o florescimento de sua vida aqui fora, no mundo exterior.

Avaliação

Como tudo na vida, a meditação é um processo que exige persistência, aplicação para desenvolver-se. Não há certo ou errado, cada pessoa experimenta as coisas de sua maneira particular. Aos poucos você irá progredindo, tornando-se mais capaz de concentrar-se. Mas, mesmo assim, haverá dias em que conseguirá entregar-se melhor, usufruindo mais dos benefícios, e outros em que a dispersão será maior. Isso não é novidade, acontece com qualquer coisa que fazemos na vida.

Às vezes, como já sinalizei, estamos meditando e alguns pensamentos parecem se intrometer, surgem na cabeça como se quisessem atrapalhar a experiência. Quando isso me ocorre, simplesmente assumo o pensamento inoportuno, pois um dos princípios gerais da vida é que quanto mais você luta contra algo, mais você o fortalece e mais conflituosa se torna essa relação. Da mesma maneira, quanto mais você reconhece e aceita algo, mais esse algo tende a passar.

Portanto, sempre que surgir em sua mente algo diferente daquilo que você quer, simplesmente admita-o. "Ah, tem este pensamento... este sentimento... eu o reconheço, experimento-o e me desapego dele..." Assim, você o deixa passar e volta a focalizar aquilo que deseja. Caso o pensamento (sentimento ou imagem indesejável) permaneça, não se importe: assuma-o e concentre-se na respiração até que ele se afaste.

Ferramenta Positiva

A visualização criativa é uma técnica poderosa, mas só funciona para fazer o bem. Não serve para fazer mal aos outros. Na verdade, se você tenta usar a visualização criativa para fazer mal a alguém, consegue apenas despertar uma espécie de efeito bumerangue: o mal que desejou volta para você. Por isso, temos sempre que nos focalizar no que é melhor.

Se você quiser visualizar para outra pessoa, tudo o que pode fazer é lhe emprestar energia. Mas mesmo que deseje o bem do outro, jamais conseguirá que algo aconteça se a pessoa não estiver preparada para isso ou não quiser que aquilo que você deseja para ela lhe ocorra.

O Universo oferece permanentemente condições para alcançarmos a plenitude para que fomos criados. Desejar o bem – nosso ou de outros – é entrar em sintonia com a energia universal, e é por isso que ela acolhe tudo o que for para a realização e crescimento do ser humano.

Esperando o melhor

Se você prestar atenção, vai ver que, de certa forma, usamos freqüentemente a visualização criativa. Quando dizemos,

"Queria tanto que fizesse tempo bom no fim de semana" ou "Desejo muito que minha filha encontre um bom companheiro", na verdade estamos nos visualizando na praia, com o céu azul, tomando uma cerveja, batendo papo com os amigos, ou vendo nossa filha ao lado de uma pessoa que a faça feliz.

Quando, porém, usamos a visualização criativa consciente e assumidamente, ela se torna muito mais eficaz. Quero agora chamar a atenção para uma tendência que quase todos nós temos e que conspira contra nós: a de esperar o pior. Constatei isso em mim: quando havia um impasse, um problema, quando eu estava à espera de alguém ou de um acontecimento favorável, instintivamente me punha a pensar nas piores alternativas. E me angustiava, sofria por antecipação, muitas vezes inutilmente, consumindo uma energia que poderia ser empregada de forma produtiva.

Comecei então a usar a visualização criativa para anular essa tendência pessimista. Quando me via fazendo prognósticos negativos, tendo pensamentos angustiantes, recorria conscientemente a uma imagem bonita daquilo que eu desejava. Faça isso, você vai ver como ajuda e alivia, além de atrair o seu bem.

Sou extremamente grata a minha mãe, pois a visualização criativa realmente é muito poderosa. Tanto que a incorporei ao meu cotidiano e, de tanto utilizá-la, acabei por integrá-la ao meu próprio pensamento, como vou contar a seguir.

Um movimento espontâneo

Ao descobrir essa surpreendente ferramenta que é a visualização criativa, tratei de inseri-la em meu dia-a-dia.

Faço um pouco de visualização criativa pela manhã, antes de sair da cama, e à noite, antes de dormir. Durante o dia também, parando por cinco ou dez minutos para praticá-la, ou enquanto estou dirigindo ou andando pela rua. Crio a imagem do objetivo desejado, envolvo-a na luz rosa e solto-a no Universo. É fácil e me dá outro ânimo, outra alegria. Vou me sentindo cada vez mais em conexão com a grande energia universal que acolhe o que tenho de melhor e só favorece o meu bem. É extremamente reconfortante.

E, podem acreditar, desde que passei a focalizar certas coisas que queria em minha vida, fiquei impressionada de ver que elas de fato ocorriam.

Depois de uns três anos de prática cotidiana, a visualização criativa pareceu incorporada à minha própria consciência. Sempre que tenho clareza sobre algo que desejo, sento e faço visualização criativa. Mas, na maior parte do tempo, ela parece se confundir com meu próprio pensamento.

Na verdade, faço visualização criativa todo o tempo – só que de maneira espontânea e natural. É como se eu tivesse educado de tal forma meu pensamento que ele passou a trabalhar automaticamente para a realização de meus sonhos e desejos.

Compartilhando a Descoberta

Tenho uma tendência natural, acho que herdada de minha mãe, de querer compartilhar aquilo que aprendo ou descubro com todo mundo. Comecei falando para amigos e conhecidos sobre a visualização criativa. Como a maioria das pessoas passa por experiências semelhantes e tem os mesmos sentimentos, trocamos muitas experiências e impressões.

Na época eu tinha vinte e nove anos. A toda hora eu me perguntava sobre meu objetivo na vida, sobre o que fazer para me realizar como pessoa e profissionalmente, a respeito do passo seguinte de minha existência.

Quando me dei conta, estava ensinando muita gente a usar visualização criativa. Aos poucos, tudo o que eu tinha aprendido em conversas com terapeutas e nas leituras juntou-se ao que eu já sabia ou descobrira por conta própria. Os efeitos positivos na vida das pessoas que me ouviam me estimularam a organizar meu primeiro *workshop.*

Trabalhei intensamente. Fiz convites, preparei comida, organizei tudo para quatro dias de vivências. Não sei como, dei conta de tudo. Ao final, descobri que realmente gostava de fazer isso.

Comecei a trabalhar com pequenos grupos e a acompanhar algumas pessoas individualmente. A vida me havia lançado nessa direção e eu só tinha a agradecer ao Universo por isso, pois descobri que adorava ajudar as pessoas.

Gostei tanto da experiência que, em determinado momento, comecei a pensar: "Todas essas idéias, meditações e técnicas que recolhi de uma grande variedade de fontes estão funcionando para mim e para as pessoas a quem as transmito. Por que não organizá-las num livro?"

O Livro

Na época, eu tinha um namorado realmente criativo, misto de escritor, professor, compositor, um verdadeiro artista. Ele me encorajou bastante a organizar e colocar no papel essas idéias. Cheia de animação, comecei a trabalhar.

Mas, num determinado momento, uma voz interior começou a me atormentar: "Quem você pensa que é? Olhe para sua vida! Não é nada perfeita. Na verdade, é uma grande bagunça." Fui perdendo a motivação, o fluxo de idéias estancou e achei que não poderia escrever o livro. Parei.

Fiquei totalmente bloqueada, não conseguindo mais redigir uma só linha. Isso durou meses. Meu namorado insistiu, insistiu, até que finalmente disse o que eu precisava ouvir:

– Você sentiu o impulso criativo e isso é que é importante. Não se preocupe! Você não tem que ser perfeita, mesmo porque ninguém é. Nem o livro, mas sei que ele pode ajudar os outros. Simplesmente coloque-o para fora. Escreva-o!

Foi o estímulo de que precisava para chegar ao texto final. Imprimimos o livro, que passei a distribuir em meus *workshops.* Também levamos alguns exemplares até a livraria do bairro, onde os colocamos em consignação. Sabe o que aconteceu? O livro se tornou um sucesso.

A cada dia, mais e mais pessoas o liam, faziam propaganda

boca a boca, compravam para dar de presente. Cada vez mais gente passou a freqüentar meus *workshops.* Comecei a ter sucesso financeiro e de todas as outras formas.

Agora, o livro já vendeu mais de 2 milhões de exemplares, distribuídos em vinte e cinco idiomas. Recebi milhares de cartas de pessoas de todo o mundo dizendo que a visualização criativa mudou suas vidas.

É claro que isso tem sido muito agradável e gratificante. Quis contar o que me aconteceu em detalhes para que você também acredite em suas boas idéias e as realize. Sempre que tiver um impulso criativo, um desejo arrebatador ou uma paixão intensa, obedeça e vá em frente.

Tenha apenas o cuidado de não achar que "ir em frente" significa que o que você deseja vai se realizar imediatamente. Pode até não acontecer, mas, como eu já disse, mais tarde você entenderá a razão. Já fiz várias outras coisas que não deram em nada, mas valeram por terem mantido em movimento minha energia criativa.

Quando tentamos fazer algo pelo qual sentimos paixão, sentimento e inspiração, mesmo que esse projeto em particular não funcione, abre uma porta, mantém em movimento a energia, possibilita que vejamos o passo seguinte.

No caso dos *workshops* e do livro, tudo deu certo. A combinação de ambos abriu um vasto campo de atuação. Meu trabalho se ampliou e avançou, pois, quando aprendemos algo positivo e o integramos à vida, o movimento seguinte vai ficando mais claro. Corri sério risco de me deixar inebriar pelo sucesso e perder de vista meu crescimento interior. Mas tomei consciência disso e procurei manter ao máximo o equilíbrio.

Relação Serena com os Objetivos

A prática da visualização criativa me fez perceber que alguns desejos se realizam facilmente, enquanto outros parecem bastante emperrados. Ao prestar atenção nisso, para entender, comecei a perceber que quando nos deixamos dominar pelo medo de que determinado sonho não se concretize acabamos dificultando sua realização.

É que a carga emocional que colocamos em torno de algo que queremos atingir pode atrapalhar. Quando desejamos exageradamente alguma coisa, somos mobilizados muito mais pelo medo do que pelo desejo. Começamos a pensar: "Oh, meu Deus, se isso não se concretizar, o que acontecerá comigo?" Ou: "Tenho que alcançar esse objetivo, do contrário ficarei muito mal!"

Como nem sempre é possível evitar esse tipo de receio, devemos tentar entender a importância do que desejamos, para que possamos lidar com eventuais fracassos da maneira mais serena possível.

Quando isso acontecer, busque resposta para as seguintes perguntas:

- Por que é tão importante atingir esse objetivo?
- Será que estou tentando realizá-lo justamente para não ter que enfrentar alguma outra coisa?
- E se eu estiver me iludindo, acreditando que isso vai resolver meus problemas?
- Ou será que tenho medo de alcançar meu objetivo justamente porque ele é tão importante para mim, e me fará tão feliz, que é como se não o merecesse?

Analisando o que acontecia comigo, percebi também que se materializava sobretudo aquilo que eu desejava intensamente, mas sem ansiedade. Porque a ansiedade vinha quando eu achava que o meu bem, a minha felicidade, só se daria com a posse daquele bem específico. Quando tomei consciência de que, ao me desapegar do objeto do meu desejo, era como se eu deixasse a cargo do Universo o que seria para o meu maior bem, passei a sentir uma tranqüilidade muito maior.

De fato, não sou eu que faço com que minha vontade se realize. Na verdade há uma força mais profunda em atividade. Podemos chamá-la de Deus, Eu Superior, Energia Universal ou de qualquer outra maneira. O importante é ter consciência de que ela existe e pode nos guiar.

Eu Superior

Existe em nós uma fonte de discernimento e saber que faz parte da nossa natureza. Se desde cedo fôssemos estimulados a confiar em nós mesmos e a respeitar nossa intuição, seríamos familiarizados com ela. Mas em nossa educação aconteceu exatamente o contrário: em vez de nos ensinarem a examinar nosso íntimo, ouvir nossa voz interior, conhecer nossas próprias características, nos apresentaram um modelo externo a ser seguido e passamos a depender do desejo e expectativas dos outros. Era como se todo o saber estivesse nos livros ou fosse patrimônio dos mais velhos. Desconhecemos e desconsideramos assim nosso tesouro interior.

Nunca é tarde, porém, para fazermos essa descoberta de nós mesmos e do nosso eu superior, escutando e desenvolvendo nossa intuição. Foi o que procurei fazer, sentindo que, se conseguisse me conectar ao meu eu superior, se lhe desse atenção e me deixasse guiar por ele, tudo o que já vinha acontecendo passaria a ocorrer de maneira ainda melhor. Acabei transformando isso em prática, ou seja, passei a ouvir, sentir e tentar decifrar o que minha sabedoria mais profunda apontava como sendo o melhor para mim a cada momento.

A maneira mais simples que encontrei de fazer isso foi repetir freqüentemente para mim mesma: "Confie em seus sentimentos mais verdadeiros." Claro, nem sempre sabemos o que realmente sentimos, nem estamos todo o tempo em contato com a nossa vontade mais profunda. Mesmo porque passamos tempo demais repetindo chavões ou respondendo às expectativas dos outros. Mas, com paciência, atenção e um pouco de prática, passamos a experimentá-la cada vez mais.

Insisto mais uma vez: a meditação é um instrumento valioso para essa descoberta do nosso eu superior, da nossa sabedoria, da nossa intuição. Através dela deslocamos nossa atenção do mundo exterior e a voltamos até um lugar profundo dentro de nós mesmos, perguntando o que realmente desejamos e em que direção devemos ir para encontrar nosso bem, nossa paz e nossa felicidade. A resposta acabará vindo, aos poucos, podem ter certeza. É só ter paciência e persistir.

É claro que não teremos uma visão completa de nosso futuro apenas por contactarmos nosso eu superior. Não é assim que as coisas acontecem.

Em geral, percebemos apenas o passo presente. Mais uma vez, se você parar para pensar, vai se lembrar de momentos de sua vida em que, ao tomar uma determinada decisão, sentiu uma espécie de freio interno que lhe dizia que aquele não era o melhor caminho. Em geral, quando desobedeceu a essa voz interior, constatou mais tarde que havia errado. Essa voz é sua intuição, sua sabedoria, o eu superior que nos direciona para o nosso bem. É ele que se fará ouvir quando você formular a pergunta.

Se você ouve seu eu superior e executa, com confiança e calma, as etapas que ele lhe indica, percebe paulatinamente que está trilhando o caminho que melhor lhe convém.

Vamos agora fazer um exercício de contato com seu eu superior.

Familiarizando-se com o Eu Superior

O contato com o eu superior se dá na forma de um mergulho em nós mesmos que se assemelha à meditação.

Sempre que quiser se conectar ao seu eu superior e ouvir o que ele tem a lhe dizer, você pode seguir esse roteiro.

Preparação

Acomode-se confortavelmente, num lugar silencioso, tal como fez na meditação.

Conectando-se

Feche os olhos, inspire profundamente e, ao expirar, vá aos poucos relaxando o corpo e a mente. Faça isso até sentir que atingiu o maior relaxamento possível.

Sempre respirando, deixe sua consciência se deslocar para um espaço tranqüilo e profundo em seu interior.

A cada vez que expirar, vá um pouco mais fundo... um

pouco mais fundo... até chegar ao lugar mais calmo que conseguir encontrar dentro de você.

Nesse lugar profundo e tranqüilo, você contacta seu eu superior, que está sempre dentro de você, quer você o sinta ou não.

Sinta-o, reconheça que ele verdadeiramente existe e consiste numa parte sábia e viva do seu ser.

Ouvindo

Desse lugar profundo, pergunte qual a coisa mais importante de que você precisa tomar consciência neste momento.

Digamos que uma pessoa com quem você está tendo uma relação difícil tenha convidado você para fazer uma longa viagem. Você sente uma grande divisão: se for, terá talvez chance de resolver os problemas e manter o relacionamento. Além disso, você adora viajar. Se a resposta for negativa, perderá essa oportunidade e provavelmente terminará o caso.

Você acha o relacionamento complicado e, por vezes, sufocante. Terminá-lo poderá abrir um horizonte mais tranqüilo e espaço para outras alternativas. Mas você tem um medo terrível do vazio que vai se abrir, da solidão, do risco de não vir a encontrar outra pessoa.

Qualquer que seja a decisão, implicará ganhos e perdas. A curto prazo é impossível saber o que resultará. Tudo parece nebuloso. Você oscila. Que decisão tomar? Eis uma boa pergunta para seu eu superior.

A descrição acima é apenas um exemplo. Faça uma pergunta que tenha a ver com a sua vida e o seu momento atual. A pergunta pode ser muito simples.

Agora observe o que lhe ocorre como resposta. Acolha qualquer pensamento, sentimento, intuição ou imagem que lhe vier ao espírito. Passe algum tempo com essa resposta.

Mesmo que a resposta não seja clara, agradeça ao seu eu superior. Reconhecê-lo é dar o primeiro passo para aprofundar sua relação com ele, o que lhe proporcionará cada vez mais nitidez e discernimento.

Retornando

Agora, vá tomando consciência novamente de seu corpo. Abra lentamente os olhos.

Ótimo! Você voltou à realidade, onde passará a sentir, cada vez mais, que seu interior possui uma fonte de onde jorram respostas para perguntas sobre aquilo que realmente lhe convém.

As Muitas Vozes

Leve em consideração que há diferentes vozes dentro de nós. A voz das pessoas que nos formaram parece ecoar em nosso interior, nossa mente "fala" sem parar, fragmentos de conversas que ouvimos parecem se repetir em nossa cabeça. Temos, portanto, que diferenciar tudo isso de nosso eu superior.

Para tanto, precisamos visitá-lo com calma e freqüência, de modo a nos familiarizarmos com sua maneira de se expressar e podermos captá-lo com exclusividade, sem qualquer interferência. A prática nos permite justamente diferenciá-lo de tudo o mais.

Repita o exercício acima freqüentemente. Se lhe aparecer uma imagem obscura, pouco nítida, acolha-a assim mesmo e deixe que o tempo se encarregue de clareá-la. Antes de deitar, passe algum tempo com ela e veja o que mais pode descobrir. Na manhã seguinte, veja se lhe ocorre alguma associação com ela. Finalmente chegará um momento em que você a decifrará totalmente.

É possível ainda que você pergunte algo ao seu eu superior e não obtenha resposta imediata. Ela pode vir mais tarde, três dias depois, uma semana, numa espécie de inspiração. Ou talvez uma semana mais tarde.

Às vezes, nosso eu interior nos conduz a lugares, nos faz ouvir coisas ou encontrar pessoas que nos proporcionam a resposta procurada.

Digamos que você tenha buscado uma resposta que não veio de imediato. Passado algum tempo, você entra numa biblioteca e encontra um livro deixado sobre uma mesa, como se estivesse à sua espera. Você o abre ao acaso e encontra a mensagem que procura. Milagre? Coincidência? Ou a forma de resposta do eu superior?

Se a resposta demorar a chegar, insista. Sem ansiedade, peça sua resposta. A cada vez que contactar seu eu superior, você amplia sua familiaridade com áreas profundas de seu ser.

Permita que toda resposta ou indício oferecido pela sabedoria do Universo venha à tona. Confie nessa resposta.

Preparação para a Conquista

Nem sempre o que queremos é bom para nós. Portanto, quando pedimos algo que não nos convém, geralmente esse algo não acontece. Mas isso não é motivo para desânimo. Na pior das hipóteses, o fato de não conseguirmos uma determinada coisa nos ajuda a ter mais clareza sobre o que realmente queremos.

Existe também a possibilidade de conseguirmos algo visualizado e, depois, acabarmos decepcionados com o que conseguimos. Digamos que você quer um determinado emprego, visualiza-o, consegue-o e, uma vez trabalhando, descobre que ele não lhe agrada. Mais uma vez, a experiência pode ajudar você a perceber o que realmente quer e a descobrir por que teve tanta certeza de que esse emprego lhe satisfaria.

O mesmo pode acontecer com o amor. Você acha que ama alguém, que essa pessoa fará você feliz, então visualiza e acaba conseguindo tê-la ao seu lado. Com o passar do tempo, porém, descobre que se enganou. Mas qualquer experiência vale pelas emoções que proporcionou e para ampliar seu aprendizado aqui na Terra.

Isso quer dizer que você não deve temer o processo, pois seu eu superior está tomando conta de tudo. Além do mais, vai sabendo mais claramente o que seu coração e sua alma realmente querem. Portanto, adquire mais nitidez quanto ao seu verdadeiro desejo.

Para realizar satisfatoriamente nossos desejos, precisamos estar preparados em todos os níveis: espiritual, mental, emocional e físico. A concretização daquilo com que sonhamos depende do funcionamento harmonioso desses vários níveis. É por isso que, em geral, as coisas que nos ocorrem são justamente aquelas com as quais estamos preparados para lidar naquele momento.

O que acontece é que nem sempre estamos preparados em todos os níveis. Na verdade, cada um de nós tem uma ou mais áreas necessitadas de curas mais profundas. São pedaços de nosso eu onde nos sentimos bloqueados, em crise, repetindo padrões dos quais temos dificuldade de nos desvencilhar.

Para alguns, essa área problemática diz respeito às finanças. Há quem nunca consiga melhorar financeiramente ou não encontre a carreira ou trabalho que lhe possibilite ganhar bem. Outras pessoas estão sempre envolvidas em relacionamentos problemáticos, com pessoas que as desvalorizam. Outras ainda comprometem a saúde com excessos ou descuidos.

Acontece que ninguém nasce pronto, nem atinge um grau de absoluta perfeição. Temos sempre o que aprender sobre nós mesmos. Na verdade, as áreas em que temos dificuldade são essenciais para o nosso crescimento, pois nos possibilitam contactar a parte mais profunda de nós mesmos. É claro que podemos nos acomodar num padrão doentio, mas aqui estamos falando das pessoas que querem avançar e progredir. Ao darmos uma atenção especial ao que há de complicado em nós, como avançamos!

Quero contar o que aconteceu comigo para ilustrar o que acabo de dizer.

O Parceiro de Meus Sonhos

Este livro poderia terminar aqui, como nos filmes de final feliz. "Descobri a visualização criativa e todos os meus problemas se resolveram." De fato, foi uma fantástica descoberta e conquista em minha vida. Mas não seria honesta com meus leitores se parasse neste ponto. A vida e nós mesmos somos muito mais complexos, e por isso sinto-me obrigada a prosseguir para realmente tentar ajudá-los a serem mais felizes.

Ao conhecer a visualização criativa, uma das coisas que eu realmente desejava era encontrar um companheiro que me fizesse feliz. Escrevi as qualidades desse homem maravilhoso numa folha de papel, certa de que ele logo entraria em minha vida. Como a minha carreira profissional que eu visualizara tinha se concretizado, era natural esperar que o mesmo acontecesse no campo do amor.

Mas o tempo foi passando e o homem que eu idealizava não surgia. Claro, enquanto esperava por ele, tive namorados, às vezes em relações duradouras e carinhosas. Mas nenhum deles era aquele que eu realmente esperava.

De tanto me perguntar a respeito, concluí que não estava preparada para o amor de meus sonhos. É que eu tinha muitas cicatrizes emocionais. Meus pais haviam se divorciado quando eu era bem pequena, o que fez com que durante a infância e a adolescência eu não tenha convivido com uma relação amorosa. Da primeira vez em que me envolvi com alguém, também saí ferida.

Outra coisa que me atrapalhava era a concentração em minha carreira e no meu trabalho, nos quais investia toda a energia e paixão. Apesar de sonhar com uma relação realmente satisfatória, não estava criando espaço para ela em minha vida.

A essa altura já haviam se passado sete anos da publicação de *Visualização Criativa.* Eu já conseguira até mesmo escrever um novo livro, *Vivendo na Luz,* onde falo sobre a necessidade de prestarmos atenção a essa força universal que existe dentro de cada um de nós. Insisto na importância de aprendermos a ouvir, confiar e seguir nosso eu superior.

Vivendo na Luz também se tornou um *best-seller,* vendeu quase um milhão de exemplares e foi traduzido em todo o mundo. Sua leitura fez com que milhares de respostas positivas chegassem às minhas mãos, vindas de todo o planeta.

Conto tudo isso para mostrar que, naquele momento, eu estava no auge, minha carreira em pleno sucesso. Como amo o que faço e adoro lidar com pessoas, eu trabalhava sem parar. Mas todo esse sucesso profissional e as muitas coisas maravilhosas que me ocorriam apenas reforçavam o desequilíbrio de minha vida. Em público, no trabalho, eu realmente me sentia realizada. Agora, na esfera afetiva, que tristeza!

O mais paradoxal é que as pessoas me diziam que tinham lido *Visualização Criativa,* que haviam visualizado o parceiro perfeito e o tinham encontrado! Eu pensava: "E o meu?"

Realmente eu precisava dar um mergulho profundo de cura e aprendizagem em mim mesma. Apesar de a maioria das coisas funcionar em minha vida, de eu seguir minha intuição e me abrir continuamente, a área do amor parecia emperrada.

Agora, em retrospecto, depois de ter mergulhado e superado a dificuldade, vejo que as coisas estavam acontecendo exatamente como deveriam. Na época, porém, sofri bastante.

Na verdade, a vida nos leva aonde precisamos ir, e, quando nos curamos e nos desenvolvemos num determinado nível, ela nos desloca até o nível seguinte. E cada dificuldade enfrentada numa área específica nos possibilita dar um passo global em nosso processo.

Muitas vezes parece até que estamos retrocedendo. Tudo vai bem e, de repente, algo inesperado acontece. Mas não é por acaso: há um nível de cura mais profundo a ser atingido. Foi assim que, apesar de meu trabalho estar ótimo, comecei a atravessar um período obscuro, durante o qual tive que enfrentar um processo de cura muitíssimo profundo, no nível emocional.

Necessitava voltar à minha infância, rever minha relação com meus pais e com tudo o que ocorrera desde então. O processo seria bastante delicado e me tomaria bastante tempo. Para realizá-lo, eu precisava de ajuda.

Eu não estava pronta para encontrar o amor de minha vida, mas estava preparada para ser ajudada a abrir espaço em meu interior. E, sempre que precisamos de ajuda e estamos preparados para recebê-la, ela aparece.

Nesse momento de minha vida, o Universo colocou em meu caminho um casal que me possibilitou dar o passo definitivo no sentido que eu tanto ansiava: Cidris e Hal Stone. Os dois são terapeutas há bastante tempo e desenvolveram uma técnica poderosíssima, que me possibilitou dar o passo que faltava em direção ao meu grande amor!

A Personalidade É um Todo

A base do trabalho de Cidris e Hal é a idéia de que já nascemos com todas as formas de energia e que elas existem em cada um de nós como se fossem sementes. Isso quer dizer que temos potencial para expressar todas elas. E, quanto mais as desenvolvemos de forma completa, mais realizados e inteiros nos sentimos.

Acontece que, ao ser manifestada, cada energia nossa assume um aspecto distinto – que pode agradar ou não as outras pessoas. Algumas dessas manifestações são aplaudidas, enquanto que outras despertam uma verdadeira censura. Esse jogo entre as energias que espontaneamente expressamos e a maneira como as mesmas são encaradas pelos outros acaba determinando bastante nossa personalidade.

Para clarear o que acaba de ser dito, vamos imaginar a história de dois personagens, que chamaremos de Agradável e Agressivo.

Agradável

Ainda bebê, ela percebeu que, ao sorrir, encantava os pais,

que se aproximavam e lhe davam atenção. Recompensada pelo sorriso, ela o repetia, como se pensasse: "Ah, as pessoas gostam que eu sorria. Vou continuar a sorrir para ganhar carinho."

Mais tarde, na escola, ela constatou a mesma coisa: ao se mostrar simpática, despertava a estima dos colegas e, sobretudo, dos professores. Mas se manifestava dureza, raiva ou agressividade, recebia punição. Era como se Deus proibisse a demonstração de tais sentimentos.

Com o passar do tempo, ela foi tendo cada vez mais provas de que era assim que as coisas funcionavam. Acabou chegando à vida adulta como uma pessoa perto de quem todo mundo se sentia bem. A essa altura, já desenvolvera uma identificação tal com a imagem de agradável que achava que era só isso. Então pensava: "Sou uma pessoa ótima e sorridente. Gosto que se sintam bem perto de mim, adoro agradar. E, quando agrado, recebo calor, carinho e muitas outras coisas boas."

Na verdade, ela não tinha consciência de que desenvolvera essa imagem justamente para assegurar o atendimento de suas necessidades. Ao se mostrar sempre legal, reprimia aspectos que, mesmo que parecessem desagradáveis, também integravam sua personalidade.

Esses aspectos foram abafados, mas permaneceram em seu interior. Mesmo sem se dar conta, ela estava levando uma vida desequilibrada. Era uma pessoa afável e generosa, mas não conseguia se impor, dizer o que realmente queria ou lutar por objetivos verdadeiramente seus. Precisava sempre agradar os outros.

Agressivo

Ele nasceu numa família numerosa. Como seus pais já tinham quatro filhos mais velhos e um mais novo do que ele, não se entusiasmavam ao vê-lo sorrir. Na verdade, nem percebiam. Além de precisarem dividir a atenção entre a numerosa prole, tinham que trabalhar muito para alimentá-la e estavam sempre ocupados.

Para completar, os irmãos não davam bola ao nosso pequeno personagem e, quando atentavam para sua existência, freqüentemente era para humilhar, menosprezar, ridicularizar. Qual a reação dele? Abrir o berreiro. Como barulho de choro é insuportável, finalmente se fazia notar. Então concluiu: "Ah, é assim? Pois vou espernear sempre que quiser alguma coisa!"

Ao crescer um pouco e poder sentar-se à mesa, ele percebeu que só obtinha a comida que desejava se a pegasse antes de todo mundo. No tocante aos brinquedos, era a mesma coisa: só conseguia dos pais aqueles que exigia aos berros e, nas brincadeiras, protegia-os na base da briga e da choradeira.

Pouco a pouco habituou-se à energia da agressividade, que se expandiu e pareceu virar sua própria personalidade. Acabou chegando à vida adulta convencido de que era o tipo de pessoa que simplesmente corria atrás do que queria, mesmo que, para tanto, tivesse que fechar os olhos para os sentimentos dos outros. Afinal, era assim que conseguira satisfazer suas necessidades.

União das diferenças

Num determinado momento da vida, Agradável e Agressivo passaram a sentir um certo desequilíbrio. Começaram a experimentar cansaço de agir sempre da mesma maneira e a não gostar do que haviam se tornado. Intuíam que faltava algo importante dentro de si, mas não sabiam exatamente o quê.

Certo dia, os dois se encontraram e – claro! – ficaram perdidamente apaixonados. O amor à primeira vista foi se solidificando com a convivência. Quanto mais se conheciam, mais gostavam um do outro. Percebiam que eram muito diferentes entre si, mas era justamente disso que pareciam precisar.

Ela pensava: "Como ele é forte e poderoso! Sabe fazer as coisas acontecerem! Sinto-me tão segura quando estou com ele!"

Ele pensava: "Como ela é doce, adorável e sensível! Está sempre pronta a me agradar. Com ela posso abrir meu coração."

Comparavam o equilíbrio que experimentavam agora com o desequilíbrio que amargaram no passado, achando que finalmente tinham banido aquele incômodo, aquela fonte de sofrimento. Concluíram que isso era justamente o que uma relação amorosa tinha a oferecer. Ora, se combinavam tão bem, por que não morar juntos? Mudaram-se para o mesmo endereço.

Com o passar do tempo, porém, começaram a se irritar justamente com o que, no início, fora a base da relação: a diferença. De tanto ver o companheiro se mostrar violento, Agradável passou a criticá-lo interiormente. Não ousava colocar isso em palavras, mas, no fundo, desaprovava esse comportamento. Por sua vez, Agressivo a acusava abertamente de ser fraca e covarde.

A crise cresceu, agravou-se, até resultar numa separação triste, durante a qual ambos se perguntaram: "Mas o que foi que aconteceu? Como pude me apaixonar por uma pessoa assim?"

Equilíbrio interno

A vida certamente é bem mais complexa do que o resumo que acabo de fazer da experiência de Agradável e Agressivo. Mas a lição que podemos tirar da história de ambos é que não devemos buscar externamente o equilíbrio que deve existir dentro de nós.

O que levou os dois a se atraírem foi a necessidade de completude. É claro que dependemos dos outros e é na relação com eles que vamos aprendendo e crescendo. Mas é fundamental que tomemos cada vez mais consciência de quem somos e do que desejamos. É fundamental que sejamos capazes de expressar a nossa vontade de forma amável e serena, mas firme, e ouvir a do outro, para negociar e chegar a um acordo justo. O desequilíbrio consiste em estar sempre atendendo ao desejo alheio – desconhecendo o próprio – ou querer sempre impor sua vontade – desconhecendo a do outro.

Mas será que a relação entre Agradável e Agressivo foi inútil, já que chegou ao fim? Certamente que não. Se ambos pararem para refletir sobre ela, descobrirão muita coisa sobre si mesmos. Ela vai saber que, em vez de se deixar atrair pela agressividade alheia, convém entrar em contato com ela em si mesma – até para administrá-la melhor – e começar a expressar seu desejo da forma amável de que é capaz. Ele vai concluir que, se a doçura de Agradável o atraiu tanto inicialmente, é hora de começar a desenvolvê-la em si mesmo e usá-la para afirmar sua vontade.

Quando atingimos o equilíbrio em nós mesmos, temos condições de estabelecer relações harmoniosas, autênticas e duradouras. Podemos sempre nos decepcionar depois, mas menos freqüentemente do que se nos ligarmos a outra pessoa por vermos nela uma parte de nossa personalidade que não deixamos aflorar.

Minha Cura

A história de Agradável e Agressivo é apenas uma das infinitas possibilidades de combinação entre pessoas que desenvolvem apenas um determinado aspecto da sua personalidade, em detrimento dos demais.

Digamos que você se desenvolva bastante intelectualmente e, em contrapartida, coloque de lado suas emoções. Em certo momento, certamente sentirá necessidade de satisfazer esse aspecto relegado e, para tanto, procurará atrair pessoas bem desenvolvidas intuitiva e emocionalmente. Estas, por sua vez, se sentirão atraídas por sua capacidade cerebral.

Minha história fez com que eu desenvolvesse características de uma pessoa muitíssimo responsável, pois, quando criança, ficava encarregada de um monte de coisas em minha casa, já que mamãe trabalhava fora. Progredi muito também do ponto de vista intelectual. Outra energia que aflorou com força foi o cuidado em relação aos outros – característica à qual se juntou a seriedade, o compromisso e a dedicação.

Esse conjunto de características me ajudou a fazer sucesso em minha carreira e me possibilitou chegar onde me encontro. Posso dizer, portanto, que são boas. Mas, se são positivas, que problema apresentam? O desequilíbrio de que acabo de falar.

É que, ao privilegiá-las, deixei de desenvolver outras

energias igualmente importantes. Não foi um processo deliberado e consciente, mas algo que foi se construindo em resposta às circunstâncias externas. Deixei, por exemplo, de cultivar meu senso de diversão: eu era tão séria e responsável que recalcava a capacidade de me divertir, ter prazer, aproveitar a vida. Era tão dedicada aos outros que negava a minha própria vulnerabilidade e necessidade de ser atendida, cuidada, ajudada. Vivia "dando colo" e reprimindo meu profundo desejo de ter colo.

O encontro com Cidris e Hal me fez constatar o quanto minha vida estava desequilibrada e descobrir que as energias que eu precisava desenvolver estavam latentes dentro de mim. Mais do que isso, pude chegar até elas.

Destaco a seguir três aspectos bastante desenvolvidos em mim e logo detectados durante a terapia com Cidris e Hal.

Equilibrando o feminino e o masculino

Logo tomei consciência de que tinha desenvolvido muito mais a minha parte que realizava coisas, fazia tudo acontecer, lidava com o mundo. É o que chamo de "lado masculino", que é muito evidente em mim. Como eu tinha sido ferida no que denomino "lado feminino", neguei a necessidade de receber, o que gerou o desequilíbrio.

Precisei trabalhar a fundo o lado feminino para que ele se desenvolvesse, dividindo tarefas com o lado masculino.

Aqui vale repetir o que já disse antes: que tudo aquilo que realmente desejamos e para o qual estamos preparados acontece. A vida reflete nossa consciência. Se você deseja algo e esse algo não acontece, pergunte-se: que parte de mim não quer isto? Que devo fazer para me preparar para obtê-lo?

Eu sabia disso teoricamente, mas, na prática, realmente é muito difícil admitir que não estamos preparados para realizar um determinado sonho. Para nos convencer disso, precisamos ter fé na vida e em nós mesmos. Necessitamos acreditar que vale a pena enfrentar as dificuldades dessa determinada área – por mais penoso que seja –, pois o Universo nos oferecerá aquilo de que precisamos para vencê-las.

Foi o que me aconteceu em minha luta para equilibrar os lados masculino e feminino da minha personalidade.

Assumindo minha própria fragilidade

Outra parte do processo consistiu em entrar em contato com minha vulnerabilidade, com a criança que existe em mim. Eu tinha desenvolvido minha personalidade baseada na força, na competência, na capacidade de ensinar e cuidar das pessoas. Era chegada a hora de me voltar para as minhas próprias necessidades, emoções e sentimentos mais profundos.

Eu tinha que passar por um processo de cura no qual experimentasse certos sentimentos que sempre evitara. Eu convivia bem com minhas emoções, mas sempre fugia de coisas como desespero e desamparo em mim mesma.

Acontece que o ser humano é composto de todo tipo de sentimento e não podemos fingir que alguns deles não existem. A vida quer ser vivida inteiramente. Por isso, aquilo que tememos ou não queremos experimentar parece cruzar nosso caminho justamente para que possamos passar pelos sentimentos que desperta para aprendermos e crescermos.

Cidris e Hal me ajudaram a perceber, assumir e me relacionar de maneira serena com minha própria vulnerabilidade.

Ambivalência aguçada

Durante a terapia, ficou claro também que eu vivia uma forte ambivalência quanto a relações amorosas. Uma parte de mim queria experimentar o amor de verdade, mas a outra parte rejeitava essa experiência maravilhosa.

Em cada um de nós, um lado quer intimidade e fusão com outra pessoa, mas outro quer autonomia, independência e liberdade.

Muitas pessoas constatam essa ambivalência e a administram de maneira tranqüila. Em meu interior, porém, esses dois impulsos estavam em grande conflito. Eu queria me entregar plenamente a uma relação, mas uma parte minha não queria, de forma alguma, que eu fizesse isso, para não perder minha independência.

Inconscientemente, sabe o que eu estava fazendo? Namorando homens geograficamente distantes ou não-disponíveis emocionalmente. Era a forma que eu tinha encontrado para conciliar as duas partes em choque dentro de mim.

Na verdade, o que acontece no exterior reflete fielmente o que se passa em nosso interior. Eu queria uma relação forte, mas não estava totalmente aberta a ela. Portanto, reproduzia esse dilema aqui fora.

Isso vale para quase tudo na vida: quando nosso interior está nebuloso, é recomendável analisarmos o que se passa do lado externo. Assim, tomamos consciência de muitas dificuldades internas, o que nos possibilita enfrentá-las. Foi isso que começou a acontecer comigo.

Níveis da Cura

Não devemos tentar nos livrar de nada que faça parte de nós e sim assumir integralmente o que somos. O processo é lento, mas capaz de transformar nossas vidas. É o caminho da cura, do encontro com a inteireza e realização.

O processo de cura tem que se dar em todos os níveis: espiritual, mental, emocional e físico. Ao fazermos um esforço harmonioso nessas quatro esferas, conseguimos nos assumir integralmente, encontrar nosso equilíbrio e ser mais eficazes ao usarmos a visualização criativa.

Espiritual

Precisamos praticar regularmente alguma atividade espiritual. Isso ajuda a nos manter conectados ao nosso eu superior.

A prática espiritual pode se exercer de várias formas – meditações, idas à igreja, visitas à natureza – e cada um deve procurar aquela com a qual sente mais afinidade. Pode ser ouvir música, dançar ou qualquer outra coisa que nos possibilite conexão com nosso eu superior. Todos nós precisamos disso.

Mental

Devemos examinar atentamente as nossas crenças, de modo a abandonar aquelas que repetimos apenas porque nos foram ensinadas e as que não têm mais razão de ser. Nesse movimento, abrimos espaço para as convicções capazes de nos ajudar em nossa jornada.

Emocional

É a cura mais difícil para a maioria de nós, pois nossa sociedade tem a tendência a não valorizar – e até negar – as emoções. No entanto, se queremos sentir a vida, é fundamental sermos capazes de experimentar nossos próprios sentimentos.

Para fazer isso, se for preciso, não hesite em recorrer a uma ajuda. Algumas pessoas procuram um terapeuta, outras buscam o apoio de grupos. Seja qual for o recurso utilizado, o importante é assumirmos nossas próprias emoções, sermos capazes de expressá-las e administrá-las da melhor maneira possível.

Físico

Na pressa em que vivemos nossos corpos correm o risco de ficarem ignorados ou de serem criticados, devido à nossa exigência de perfeição. Cuide de seu corpo com carinho: ouça-o, conheça-o, descubra seu ritmo e características e dê o que ele precisa para ser saudável, flexível, o melhor dentro de suas possibilidades. Não exija demais dele.

Assumindo Tudo o que Somos

Cidris e Hal tratam as diferentes energias que nos habitam como se elas fossem autônomas. Portanto, desenvolveram uma técnica em que podemos dialogar com cada uma delas.

O objetivo é equilibrar o conjunto de energias de que dispomos, reduzindo a importância das que são exageradamente desenvolvidas e abrindo espaço para as que ainda se encontram em estágio latente.

Quer tentar fazer o exercício?

Exercício para equilibrar a personalidade

Pegue uma folha de papel e a divida ao meio com um traço vertical.

Faça a seguinte pergunta: "Como é que eu acho que sou?"

No lado esquerdo da folha, liste suas principais características, aquelas que determinam sua maneira de agir na maior parte do tempo. Anote-as espontaneamente, sem julgamentos nem censuras.

Ao final, leia a lista das características mais evidentes em você. Pare em cada uma e reflita sobre a importância dela em sua vida. Pense naquilo que elas proporcionam de bom para você e também no que causam de insatisfação.

Para cada palavra listada no lado esquerdo do papel, pense num antônimo e o escreva à direita. Se você colocou extrovertido no lado esquerdo, pode escrever introvertido no lado direito. Ou qualquer outra coisa que ache que é o contrário de extrovertido.

Depois de escrever uma palavra oposta a cada característica anotada no lado esquerdo, examine os diferentes antônimos. É possível que vários deles lhe façam pensar num amigo, numa pessoa de quem você goste ou num parente próximo, como pai, mãe, irmão, irmã.

Agora, olhe o conjunto da lista de antônimos. Pense na imagem que eles lhe transmitem. Preste atenção naquilo que espontaneamente lhe vem ao espírito, ou seja, na personalidade que eles constituiriam.

Compare as duas listas.

Em geral, quando fazemos isso, temos a tendência inicial de criticar o que está colocado na coluna da direita, olhando essas características como coisas que realmente não queremos.

Acontece que a experiência da vida se amplia consideravelmente se passamos a encarar de outra maneira ambas as colunas. Na da esquerda está aquilo que nos é mais fácil manifestar, mas que nos leva a um certo desequilíbrio. O que se encontra na da direita merece uma análise mais profunda, para descobrirmos o que há de positivo por baixo da visão negativa que temos dessas palavras.

Vamos dar um exemplo para ficar mais claro: se tenho sido alguém extremamente ativa e responsável, por que iria admirar a palavra preguiçosa e irresponsável que escrevi na coluna da direita? À primeira vista parece absurdo, mas o fato é que preciso da energia contrária ao excesso de atividade e de responsabilidade para me equilibrar.

O fato de ser muito ativa e responsável pode significar um estado de tensão, agitação, rigidez e nível de exigência exacerbado. No meu caso, eu precisava relaxar mais, aceitar meus limites, usufruir mais do lazer, em suma, ser um pouco preguiçosa no melhor sentido do termo. O meu excesso de responsabilidade me dava uma certa onipotência, uma tendência à centralização, uma intolerância em relação aos meus erros e aos dos outros. Uma dose de irresponsabilidade me ajudaria a relativizar a importância de minha participação nas tarefas, a aprender a dividi-las com os outros, a ser mais tolerante. Esse "tempero" nas características me equilibraria melhor, tornando-me mais feliz.

Se o Agradável de nossa história colocasse na coluna da direita egoísta, para contrapor-se a generoso, estaria apenas dizendo que precisava consultar mais seu desejo do que estar sempre respondendo ao dos outros. E o Agressivo, ao colocar frouxo como oposto a firme, indicaria talvez a necessidade de ser mais suave e atento aos sentimentos dos outros.

A lista da esquerda continua a mesma, mas você passou a olhar de forma diferente a da direita. É o momento de você se perguntar:

- De que maneira poderei integrar as duas listas em minha vida e, assim, equilibrar minha personalidade?

- Que pessoa me tornarei, ao manifestar todas essas energias que existem em mim?

Visualize criativamente a pessoa equilibrada que você se tornará ao deixar desabrochar a totalidade de aspectos que existem de forma latente dentro de você. Imagine-se já tendo conseguido isso e, portanto, estabelecendo relações muito satisfatórias com o Universo.

Frutos da Cura

Quando conseguimos manifestar o conjunto das energias existentes dentro de nós, muita coisa muda para melhor.

Comento abaixo três das transformações mais comuns que ocorrem, do nível mais pessoal até a relação com o Cosmos.

Conquista dos próprios objetivos

Os objetivos não nascem mais de nossa carência ou desencontro interior. Na verdade, muitos desejos que tínhamos enquanto estávamos desequilibrados simplesmente deixam de existir. Em seu lugar surgem metas mais verdadeiras e de acordo com o que somos em nossa totalidade.

Pois bem: é no sentido da verdade que o Universo trabalha. A vida coloca ao nosso alcance os meios necessários à realização das vontades que brotam de maneira equilibrada, consciente e autêntica.

Isso significa que, quanto mais equilibrados estamos, mais condições temos de concretizar aquilo que visualizamos criativamente.

Harmonia com o mundo

Todos concordam com o que os pensadores da Nova Era afirmam: que temos que amar a nós mesmos. Porém, o mais difícil é aprender a assumir aquilo que detestamos em nós. A parte que, por ter sido censurada e punida, aprendemos a odiar e passamos a negar.

Quando começamos a reconhecer e aceitar todos os aspectos de nós mesmos, somos capazes de sentir mais compaixão pelos outros. Porque aquilo que, sem nos darmos conta, criticamos e negamos em nós mesmos tendemos a atacar nos outros. À medida que tomamos consciência de todos os nossos aspectos, tratamos deles em nós mesmos e corremos menos risco de rejeitá-los nos outros.

Melhoria do mundo

O que acontece com as pessoas individualmente se reproduz no nível coletivo. Isso quer dizer que o planeta como um todo reflete o processo que ocorre dentro de cada um de nós.

À medida que você começa a se curar, a se conhecer, se amar, acolher e expressar mais sua essência, você está curando sua própria vida e também o mundo. Afinal, a consciência da humanidade é feita do conjunto das consciências individuais. Cada passo que um de nós dá no sentido da integração real, da cura e da harmonia interior afeta positivamente a consciência mundial e melhora o planeta.

Sonho Realizado

Passei anos fazendo esse trabalho que acabo de descrever, de descoberta dos aspectos de minha personalidade que, inconscientemente, eu abafava. Num determinado momento, atingi plena consciência de minha própria vulnerabilidade e minha necessidade de ser amada. Em lugar de fugir, enfrentei esse sentimento e o integrei à minha vida.

Uma cura profunda finalmente tomou conta de mim. Então tive certeza de que a relação que eu tanto desejava aconteceria. Sim, eu estava pronta!

De fato, três semanas depois, reencontrei um homem que havia conhecido alguns anos antes, mas com quem, na época, eu mantivera uma relação superficial. O nosso reconhecimento mútuo foi imediato: mesma linguagem, mesma sensibilidade, mesmos valores. Uma liberdade enorme na troca de experiências e emoções. Foi uma felicidade enorme para nós dois. Nove meses depois nos casamos.

Aí então começou o verdadeiro trabalho. Iniciar uma relação realmente importante, forte e verdadeira não quer dizer que tudo está resolvido. Temos bastante consciência de quem somos, baseamos a relação no equilíbrio que cada um de nós sente em si mesmo, mas a convivência no casamento é um enorme desafio.

Na verdade, a relação de duas pessoas que moram juntas e se comprometem uma com a outra é talvez a melhor oportunidade de aprofundar o processo de aprendizado contínuo que constitui nossa jornada em busca de crescimento. Uma relação íntima é um dos meios mais poderosos para tomar consciência de quem somos e do que precisamos trabalhar em nós.

A sabedoria do Universo trouxe-me o companheiro que espelha muitos dos meus aspectos negados e recalcados. A diferença é que, como eu já tinha passado por um processo de cura, esses aspectos já não me incomodam tanto. Ao reconhecê-los, sou mais capaz de administrá-los e de me sentir estimulada a superá-los para continuar me desenvolvendo como pessoa.

Além disso, há facetas de minha personalidade que só vim a descobrir na relação com meu marido. Elas sempre foram minhas, mas eu as negava. Quando passei a aceitá-las, foi uma maravilha! Em vez de tentar bani-las ou sufocá-las, deixo-as emergir e as integro ao que sou. Eu consigo cada vez mais administrá-las, e elas deixam de me comandar.

Para mim, o casamento é a parceria mais poderosa e dinâmica que pode existir. Às vezes é extremamente difícil, mas quando há condições básicas de afinidade, e desejo autêntico e honesto de ambas as partes de construir uma relação de profunda cumplicidade, o casamento é um dos maiores fatores de felicidade. Estamos juntos há vários anos, passamos por algumas crises, crescemos ao superá-las juntos, e eu me sinto muito grata por esse presente que o Universo me trouxe.

Às vezes, encerro um *workshop*, durante o qual fui dinâmica e eficaz, sob os aplausos dos participantes que me vêem como uma mulher forte e resolvida. Em seguida, vou para casa e peço ao meu marido que cuide de mim. É dessa forma que sou uma pessoa inteira.

Informações sobre o CD

O CD de meditação que vem com este livro tem nove faixas:

Faixa 1 - Introdução (1:43)
Faixa 2 - Enraizando e fazendo fluir a energia (7:38)
Faixa 3 - Bolha cor-de-rosa (8:28)
Faixa 4 - Abrindo os centros de energia (17:25)
Faixa 5 - Afirmações (8:10)
Faixa 6 - Meditação completa (5:59)
Faixa 7 - Criando um santuário interior
Faixa 8 - Visualização criativa (9:17)
Faixa 9 - Afirmações (7:48)

Tempo total do CD: 74:46 minutos

Conheça os seguintes títulos com CD da Editora Sextante

Osho
– Aprendendo a Silenciar a Mente

Salle Merrill Redfield
– Descobrindo a Alegria de Viver
– Meditações Celestinas
– A Alegria da Meditação

Louise Hay
– Meditações para a Manhã e para a Noite
– Cultivando a Saúde do Corpo e da Mente
– Aprendendo a Gostar de Si Mesmo

Leonardo Boff
– Tempo de Transcendência
– Fundamentalismo
– Espiritualidade

James Van Praagh
– Em Busca do Perdão

Daniel Goleman
– A Arte da Meditação

Brian Weiss
– Meditando com Brian Weiss
– Os Espelhos do Tempo

Outros importantes títulos da Editora Sextante

Bradley Trevor Greive

– Um Dia "Daqueles" – Uma lição de vida para levantar o seu astral

– Querida Mamãe – Obrigado por tudo

– O Sentido da Vida

– Em Busca do Príncipe Encantado

Iyanla Vanzant

– Enquanto o Amor não vem

– Esperando o Amor Chegar

Eckhart Tolle

– O Poder do Agora

Neale Donald Walsch

– Aprendendo a Conviver com Quem se Ama

– Aprendendo a Viver Plenamente

David Niven

– Os 100 Segredos das Pessoas Felizes

– Os 100 Segredos das Pessoas de Sucesso

Sarah Ban Breatnach

– Algo Mais

Cheryl Richardson

– Sua Vida em Primeiro Lugar

Jack Canfield, Mark Victor Hansen

– Histórias para Aquecer o Coração

– Histórias para Aquecer o Coração das Mães

– Histórias para Aquecer o Coração dos Adolescentes

Augusto Cury

– Você é Insubstituível

– Revolucione Sua Qualidade de Vida

Allan e Barbara Pease

– Por que os Homens Fazem Sexo e as Mulheres Fazem Amor

Informações sobre os próximos lançamentos

Para receber informações sobre os próximos lançamentos da Editora Sextante, queira entrar em contato com nossa Central de Atendimento, dando seu nome, endereço e telefone para:

Editora Sextante
Av. Nilo Peçanha, 155 – Gr. 301 – Centro
20020-100 – Rio de Janeiro – RJ
Tel.: (21) 2524-6760 – Fax: (21) 2524-6755
DDG: 0800-22-6306 (ligação gratuita)
E-mail: atendimento@esextante.com.br

Para saber mais sobre nossos títulos e autores, e enviar seus comentários sobre este livro, visite o nosso site:

www.esextante.com.br